BIOGRAPHIE

de Monseigneur

M. A. D. SIBOUR,

ARCHEVÊQUE DE PARIS,

précédée

D'UNE NOTICE SUR Mgr DENIS-AUGUSTE AFFRE,

et suivie

DE QUELQUES CONSIDÉRATIONS SUR LE CLERGÉ.

PAR

MM. BOLLIER, MARTY, DYONNET & F. PROSPER.

Divine Charité, fille auguste des cieux,
Pour calmer nos douleurs tu l'envoyas sur terre;
En ses nobles vertus chacun de nous espère;
Son nom remplit d'espoir le cœur des malheureux

PARIS,

CHEZ BRETEAUX, LIBRAIRE ÉDITEUR,
Passage de l'Opéra, n. 7;
et chez tous les Libraires de Paris et des Départements.

1848.

NOTICE

SUR

Mgr DENIS-AUGUSTE AFFRE,

Mort le 25 juin 1848.

Une ordonnance du chef du Pouvoir exécutif vient d'appeler au siége archiépiscopal de la ville de Paris, Monseigneur SIBOUR, Évêque de Digne, en remplacement de Monseigneur AFFRE, qu'une mort douloureuse nous a ravi, alors que nous pensions tous qu'il vivrait encore long-temps pour le bonheur de sa grande famille.

Avant d'entrer dans les détails et renseignemens qui concernent son vénérable successeur, qu'il nous soit permis, en deux mots, de donner quelques éclaircissemens propres à faire connaître une vie illustre, couronnée par un dévouement admirable et qui suffit à le placer au premier rang des martyrs de la religion chrétienne.

Monseigneur Auguste Denis Affre, né le 28 septembre 1793, à St-Rome-le-Tarn, diocèse de Rhodez (Aveyron), entra très jeune au collége de St-Affrique, où il commença ses premières études. Déjà à cette époque il ressentait en lui cet amour religieux, ce feu divin qui le porta insensiblement aux pieuses méditations et qui plus tard devait en faire un des premiers chefs de l'église. Il quitta bientôt ce lieu qui le rattachait par trop de liens aux pratiques terrestres, et entra au séminaire de St-Sulpice, où vinrent le surprendre les évènemens de l'empire. C'est alors que nous pourrons le suivre : à Clermont où il trouva dans de sérieuses études, sous la direction de son savant professeur, Monseigneur Molin, depuis évêque de Viviers, quelques uns de ces secrets religieux que Dieu confie à ceux qui l'aiment; puis à Nantes où, bien jeune encore, il sut trouver aussi de ces paroles éloquentes qui gravent si bien dans le cœur les principes éternels de notre sainte religion. C'est à Nantes, en effet, qu'il professa quelque temps la philosophie, mais plutôt une philosophie théologale que profane. Il suivait, du reste, en cela, la pente sur laquelle l'entraînaient son cœur et son intelligence.

Il revint à Paris en 1818, et à peine âgé de 30 ans, fit paraître plusieurs ouvrages importans, parmi lesquels nous citerons : le *Manuel des Instituteurs*, l'*Essai sur la Suprématie temporelle du Pape*, et son *instruction remarquable sur le recouvrement des biens de fabriques*. Nommé tour à tour dans le diocèse d'Amiens, puis grand-vicaire à Paris, puis enfin coadjuteur de l'Archevêque de Strasbourg, ses hautes qualités et son génie supérieur le portèrent définitivement à l'archevêché de Paris où il remplaça Monseigneur de Quélin, son protecteur et son ami.

Monseigneur Affre a religieusement rempli la mission que Dieu lui avait confiée sur la terre ; et parmi les écrivains religieux qui se sont faits remarquer depuis la révolution de février, nous devons placer au premier rang le Pontife vénéré qui vient d'acquérir la palme du martyr. En effet, disciple et continuateur de l'esprit de Jésus-Christ, qui vint le premier, il y a dix-huit siècles, apporter des paroles de paix, d'égalité et de fraternité, Monseigneur Affre, dans divers mandemens réellement remarquables, a salué le premier et sans arrière pensée l'admirable devise de notre jeune République.

Aussi, en présence d'un dévouement qui restera dans l'histoire de notre siècle comme une grande leçon donnée à l'égoïsme profane et à l'indifférence religieuse qui le caractérisent, notre plume ne pouv rester muette, et devait s'associer à ce concert unanime de regrets, d'éloges et d'hommages qui partent de tous les coins de la terre, et qui, tous les jours, répandent une lueur brillante qui le suit jusqu'au fond de sa tombe! Oui, Monseigneur, votre noble courage n'a pas reculé devant le danger d'une mort imminante et douloureuse; votre âme généreuse a suivi ces belles paroles du Christ : « *Le bon pasteur doit donner son sang pour ses brebis !* » Vous aviez une sainte mission à remplir, et c'est parce que votre cœur a su la comprendre, c'est parce qu'il a saigné de douleur et de désespoir que vous vous êtes jeté aux pieds de vos enfans en leur demandant grâce et miséricorde ! Hélas! ils ont été parricides ! ! !

La mort de Monseigneur Affre a été vivement ressentie par tout le clergé et par la France entière. L'Europe s'est émue, et toutes les puissances catholiques du monde ont fait des prières pour le repos de l'âme du grand prélat ! Prions, nous aussi, mais que nos prières soient douces et consolantes, car si la terre a perdu un de ses anges, le ciel vient d'en retrouver un de plus !

Nous sommes donc naturellement amenés à faire connaître les principes religieux et les phases diverses de la vie du vénérable prélat appelé à succéder à un martyr.

BIOGRAPHIE

de Monseigneur

M. A. D. SIBOUR

ARCHEVÊQUE DE PARIS.

Monseigneur MARIE AUGUSTE DOMINIQUE SIBOUR, cousin et ami de M. l'abbé Sibour, représentant du peuple, est né à St-Pôl-Trois-Châteaux, département de la Drôme, près du Rhône, le 4 avril 1792, d'une ancienne famille de négocians. Son enfance a été comme celle de tous les hommes qu'une vocation particulière appelle à l'état ecclésiastique. C'est assez dire que de très bonne heure, il se fit remarquer par une douceur angélique, une obéissance complète, et une pratique religieuse bien dirigée. Après la révolution et au commencement de l'empire sa famille vint se fixer à Pont-St-Esprit, département du Gard, et c'est là que commencèrent à se faire pressentir ces hautes qualités de l'intelligence, de l'esprit et du cœur, qui en ont fait depuis une des gloires de la chaire catholique. Monseigneur est doué d'une figure douce et sereine, et quoique âgé de 55 ans, elle est empreinte d'une immortelle et angélique jeunesse. En effet, lorsque l'âme n'est flétrie par aucun souffle impur, lorsque au milieu des vices de ce monde, elle est passée vierge de mauvaises passions, ne doit-elle pas imprimer au corps qui lui sert d'enveloppe cette vie, cette force toujours nouvelles qu'elle a su conserver ? Qui de nous ne sait que la figure de l'homme est le miroir où viennent se refléter les sentimens de l'âme ?

Aussi Monseigneur Sibour a-t-il les traits du visage excessivement fins et spirituels ; sa taille moyenne, sa corpulence en rapport avec tous les autres attributs physiques dont la nature l'a doué ; ses gestes nobles et simples, sa parole accentuée et facile, ses expressions riches et naturelles, tout concourt chez lui au développement de cet ascendant religieux, de cet entraînement moral, de cet attachement spontané à tout ce qui est beau et bon, qui se fait remarquer chez les génies supérieurs qu'une vocation particulière appelle au sacerdoce. Nul ne sait mieux que lui trouver de ces paroles angéliques qui vont au cœur, qui le purifient, le sauvent du péril, et comme dit l'Évangile : *ramènent au bercail la brebis égarée.* Qui de nous pourrait dire combien de pauvres âmes sa parole éloquente et sa charité inépuisable ont su préserver de la misère, de la débauche et de l'ignominie ? C'est là le propre de tous les cœurs vraiment grands, vraiment bons, vraiment nobles, de guérir en silence et dans l'ombre, si nous pouvons nous exprimer ainsi, les plaies hideuses et gangrenées qu'une mauvaise éducation, de mauvais exemples, et souvent aussi de mauvais conseils, font naître dans nos âmes. Monseigneur Sibour connaît les secrets du cœur, comme il connaît les secrets de la science. Soit que nous parcourions ses différens ouvrages religieux, soit que nous descendions avec lui dans la demeure du pauvre où il porte souvent de douces et bienfaisantes consolations, nous trouvons toujours chez lui cette exquise bonté, cette modestie du vrai talent, cet amour du prochain que rien n'éblouit, qui sait distinguer le pauvre *honteux* du pauvre *dégénéré*, et qui sait surtout distribuer à *propos* et *avec soin* ce *pain* de l'Évangile que Jésus-Christ a confié à ses apôtres en leur disant : « Allez et prêchez sur la terre ; allez et « cherchez la misère qui se cache, le pauvre qui souffre, « le malheureux qui se meurt de froid et de faim ; « allez et moralisez les peuples, c'est en vos mains « que je confie leurs destinées. »

Monseigneur Sibour, contrairement aux principes alors en vigueur parmi le clergé, fut très dévoué à la cause de la révolution et à celle de l'empire, ce qui, de 1814 à 1815 principalement, l'exposa à de nombreuses persécutions. Cet attachement, du reste, à une cause dont les effets sont encore bien loin d'être développés, provenait chez lui d'une conviction profonde, et s'il professait hautement son amour pour les principes, il était loin de partager les horreurs qui ont ensanglanté cette première ère de notre émancipation.

Monseigneur fit ses premières études successivement à Avignon, à Viviers, et à Paris. Partout il sut se distinguer par son application constante, sa fermeté de caractère, son intelligence rare, son esprit délié, sa bonté toujours égale envers ses condisciples et amis; à Paris surtout ses talents précoces le firent bientôt remarquer de ses supérieurs, et il fut, quoique encore bien jeune, chargé de diriger la chaire de troisième au petit séminaire. Qu'il nous soit permis ici de faire un simple rapprochement : presque à la même époque, mus par les mêmes pensées et les mêmes sentimens, nous voyons deux hommes célèbres, qui tous deux auront occupé un des premiers siéges de l'église, remplir dans un âge fort jeune encore deux fonctions difficiles et pénibles. En effet Monseigneur Sibour occupait la chaire de troisième presque au même moment où Monseigneur Affre professait la philosophie à Nantes.

C'est à cette époque de son professorat que Monseigneur Sibour eut pour disciples plusieurs des curés actuels de Paris, et notamment le vénérable curé de Saint-Sulpice. C'est à ses leçons de morale, de religion, de laborieux enseignemens, qu'ils ont tous puisé ces premiers principes de la vie chrétienne qui conduisent à la pratique de toutes les vertus.

Quelques années plus tard, l'invasion de la France et les malheurs de la capitale vinrent troubler ses études et déchirer son cœur éminemment patriote. Mû par le même sentiment qui avait dirigé Monseigneur Affre à la même époque, il quitta Paris et alla à Rome pour y compléter ses études dans les plus savantes universités de cette ancienne métropole du monde. Il voulait en même temps satisfaire sa vive piété et recevoir les ordres sur les marches mêmes de la confession de St-Pierre. Monseigneur Sibour passa quelques années à Rome, d'où il revint prêtre et pour toujours attaché au St-Siège par les liens les plus étroits. Comme Paris avait alors vu les flots de l'invasion étrangère s'éloigner de ses murs, il pensa devoir y revenir, et ses talents distingués l'appelèrent bientôt à y exercer le saint ministère comme vicaire, d'abord à Saint-Sulpice, puis aux Missions étrangères. La providence qui le destinait à venir siéger un jour à la tête du clergé de cette grande capitale, l'initiait ainsi à la connaissance de ses futures et nombreuses obligations.

Une circonstance qui a failli l'éloigner pour toujours de Paris, vint à cette époque changer sa destinée. Le siége de Nîmes ayant été rétabli par le concordat de 1817, Monseigneur de Chassoy y fut nommé et alla en prendre possession en 1822. Ce prélat ne crut devoir mieux faire que d'emmener avec lui un ecclésiastique aussi distingué que Monseigneur Sibour, alors abbé. Ce dernier accepta une demande faite toute dans son intérêt, et retourna ainsi dans son pays; là il se livra avec une nouvelle ardeur à la prédication, et obtint de véritables et consciencieux succès. Très jeune encore, il fut nommé chanoine de Nîmes, et disciple fervent de Jésus-Christ. Imbu de ses préceptes et de ses maximes, il continua à évangéliser les villes et les campagnes du Gard, portant partout l'onction de sa parole, prodiguant partout sa charité inépuisable, versant sur toutes les plaies ce baume réparateur qui appartient en propre à l'homme de Dieu. Sa réputation l'appela l'année suivante à prêcher le carême à Latour, mais il ne put y déployer ses talents oratoires, une circonstance imprévue ayant empêché ses prédications.

Monseigneur Sibour accueillit, avec une joie indicible, la révolution de 1830. Elle venait le trouver au moment où sa pensée se tournait vers le libéralisme le plus pur et le gouvernement démocratique le plus large. Aussi se dévoua-t-il au triomphe des doctrines libérales avec toute la ferveur et tout le courage d'une âme qui a puisé ses principes au foyer de la religion chrétienne. Ses tendances politiques lui attirèrent de nombreuses persécutions dans un pays où elles trouvaient naturellement de nombreux et puissants adversaires. Son courage cependant ne se ralentit pas : on le trouva partout et toujours sur la brèche, soulageant la misère, prêchant ses doctrines libérales jusqu'au fond des campagnes où elles ont porté leurs fruits. Son mérite éminent et sa grande piété le désignaient depuis long-temps pour remplir les fonctions de l'épiscopat. Mais Louis-Philippe, ce roi avare et égoïste, qui avait escamoté à son profit et à celui de sa race tous les avantages d'une révolution démocratique, trouva les idées de Monseigneur Sibour beaucoup trop avancées, et résista long-temps à la demande de sa nomination. Cependant, en 1839, l'évêché de Digne (Basse-Alpes) étant devenu vacant, Louis-Philippe, à la demande réitérée des personnes les plus recommandables, et peut-être dans l'espoir de se l'attacher, lui accorda ce siége.

A son évènement à l'épiscopat de Digne, Monseigneur Sibour reçut plusieurs hommages dus à sa grande réputation et à ses immenses talens. Parmi ceux que

nous pourrions citer, nous choisirons une pièce de vers
qui lui fut adressée à cette époque, et qui dénote chez
son auteur une grande sensibilité. Nous la repro-
duisons textuellement.

A MONSEIGNEUR SIBOUR,

Evêque de Digne.

Oui ! du Dieu que tu sers l'église est immortelle !
Mœurs, lois, trônes, cités, quand tout croule autour d'elle,
Elle seule, debout, comme une grande tour,
Brave ce vent de mort, ce simoun redoutable
Qui balaie en passant, comme des grains de sable,
Et pasteurs et troupeaux, caravanes d'un jour !

Quand la foi de Jésus semble une lampe morte,
Dieu, pour la raviver d'une flamme plus forte,
  Choisit de saints pasteurs ;
Sur leur bouche il répand des paroles de flamme,
Des torrens de savoir pour la soif de leur âme,
  Et la charité dans leurs cœurs.

Il donne à tout leur être une mansuétude ;
A leur voix un accent que n'apprend pas l'étude,
  Doux miel où se prend le pécheur ;
Cet esprit, tout rempli de grâces inconnues,
Divins appeaux qui font que les âmes perdues
  Tombent aux filets du Seigneur !

Or il vous a choisi ! C'est lui qui vous envoie
A tout ce qui gémit porter un peu de joie ;
Le nombre des souffrans, hélas ! est infini,
Et le monde a besoin de la voix qui console !
Partout où vous irez, portez une parole ;
Ce que vous bénirez de Dieu sera béni !

Mais mon humble amitié des premières réclame
Les bénédictions que vous donnez à l'ame :
  Dites un mot à Dieu pour moi !
Demandez à Jésus, pour ma jeune famille,
Le pain de chaque jour, la pudeur pour ma fille,
  Ce trésor de mon pauvre toit !

Des fils qu'il m'a donnés qu'il bénisse l'enfance ;
Demandez-lui pour moi la sainte patience
    Aux longues heures du travail ;
Et si je m'égarais dans un sentier funeste,
Que doucement la main de ce pasteur céleste
    Me ramène vers le bercail !

Adieu ! pour nous ce jour est comme un jour de fête !
Notre bouche pour vous ne sera pas muette ;
    Mes enfans, en chœur assemblés,
Demanderont à Dieu que les grâces divines
Mêlent beaucoup de fleurs dans vos gerbes d'épines,
Et peu de mauvais grains dans vos moissons de blés.

Arr. A.

Élevé au siége de Digne, un des plus petits de France, Monseigneur Sibour n'a pas tardé cependant à devenir un des évêques les plus éminens de notre église. Il a pris part à toutes les luttes pour la défense de la liberté religieuse. Il s'était joint à Monseigneur Affre dans son opposition à la cour, et lui écrivit dans le temps une très belle lettre qui fut publiée et très remarquée. Nous n'avons pas pu nous la procurer encore, mais nous nous proposons de la mettre prochainement au jour ainsi que plusieurs écrits postérieurs qui dénotent chez lui une sensibilité peu ordinaire et une intelligence très développée.

L'évêque de Digne fit plus encore ; il étudia profondément l'esprit de son diocèse et après un long et sérieux examen, s'efforça de réformer les nombreux abus qu'il y découvrit. Il créa des institutions admirables qui le limitaient dans l'exercice de son propre pouvoir épiscopal et donnaient aux prêtres toutes les garanties auxquelles ils avaient droit. Cette bonne et grande œuvre qui fut suivie d'un ouvrage savant et remarquable, qu'il intitula : *Institutions diociésaines*, et qu'il fit paraître pour soutenir et défendre ses principes, a été sa gloire et en même temps le sujet de nombreux chagrins. Tous les évêques ne voyaient pas avec un égal plaisir un de leurs collègues entrer dans une voie toute nouvelle, voie qui menait à rien moins qu'à détruire le prestige d'une tyrannie déplacée. Louis-Philippe lui-même, qui n'aimait pas plus les réformes de l'église que celles de l'état, exprima hautement son mécontentement, disant : qu'il n'aimait ni les évêques savans, ni les évêques qui faisaient des livres, et encore moins les évêques réformateurs. Aussi Monseigneur Sibour dut-il se regarder comme définitivement arrêté dans sa carrière ecclésiastique, et sans une révolution spontanée qui a détruit un trône et dispersé une dynastie, serait-il toujours resté évêque au milieu de ses montagnes ? N'aurait-il pas trouvé du reste une pieuse et douce consolation dans cette estime universelle qui l'entourait et formait pour ainsi dire autour de lui une auréole de bonheur et de sereine tranquillité.

Quand la révolution de février vint le visiter dans son diocèse, il fut, lui aussi, un des premiers à la saluer et à la proclamer. On le vit souvent, après avoir rempli ses heures de prières et de travail, venir, au milieu des réunions populaires, prêcher cette belle devise : *Liberté, Égalité, Fraternité !* et par sa parole évangélique, ses pensées chrétiennes, son éloquence entraînante, embraser tous les cœurs du feu divin qu'il ressentait en lui, et son âme, douée d'une force supérieure, savait prévenir les passions de l'âme, guérir celles qui existaient et faire disparaître celles qui commençaient à naître.

Monseigneur l'Archevêque, comme nous le disait, il y a peu de temps encore, des personnes qui lui sont sincèrement attachées, et qui le connaissent dès sa plus tendre enfance, est réellement l'évêque du pauvre, l'évêque de l'ouvrier, l'évêque du malheureux. Il saura continuer cette glorieuse tradition, et au faîte de cette position archiépiscopale que la France lui a confiée, il se rappellera qu'au-dessous de lui il y a et il y aura long-temps des misères à soulager, des mains qui se tendront vers lui, en lui demandant un morceau de ce pain qui nourrit le corps et dispose l'âme à la prière.

Il se rappellera que l'humanité n'est encore qu'à son aurore, et que depuis Jésus-Christ jusqu'à nos jours, nous avons fait bien peu de progrès dans la science du cœur. Il se rappellera enfin que c'est en ses mains que Dieu a confié ce brillant héritage de lumières et de savoir qu'il doit propager en tous lieux, en appelant ses enfans à la connaissance de la nature et des lois qui la régissent. Du reste, nous le savons et le disons avec une conviction profonde, après les discordes civiles qui viennent de déchirer notre cœur, après la mort sainte du martyr qu'une balle parricide a impitoyablement frappé, c'est un ange que le ciel nous envoie pour visiter nos douleurs et verser sur nos plaies le baume de la charité chrétienne.

Le peuple de Paris voulait, pour bénir le symbole de sa liberté reconquise, des prêtres de Pie IX. C'est un véritable évêque de Pie IX que la République lui a choisi ! Monseigneur Sibour a été formé à son école ; et à ce sujet, pour appuyer ce que nous avançons, qu'il nous soit permis de citer, en entier, une lettre qu'il écrivait, en octobre dernier, au Révérend Père Ventura, à Rome, à l'occasion de son oraison funèbre en l'honneur d'O'Connell.

« MON RÉVÉREND PÈRE,

« Il y a à peine quatre ans, quand nous nous promenions ensemble à Rome, sous les portiques de Saint-André della Valle, et que vous me permettiez de lire dans votre cœur de prêtre et de citoyen, si douloureusement affecté par les maux de la religion et de la patrie, mais toujours soutenu par la foi, vous ne pensiez pas, et je ne pensais pas moi-même que nous touchions à une grande époque de régénération. Ah ! Dieu est admirable dans ses desseins, et il se joue comme il veut des calculs de la sagesse humaine. Il ne lui faut qu'un homme pour changer un pays et un siècle et pour donner un autre cours aux destinées du monde. Si, au lieu de chercher à percer les ténèbres de la politique d'ici-bas, nous avions alors regardé du côté du

Ciel, nous aurions pu voir déjà l'Orient blanchir, et, aux dernières lueurs du crépuscule, dont les ombres attristaient nos âmes, se mêler, sur les saintes collines de Rome, qu'une nuit complète n'enveloppe jamais, les premiers rayons d'un jour nouveau, l'aurore (c'est mon ferme espoir) d'une des plus grandes ères de l'humanité.

« Aujourd'hui, tout s'est éclairci, le Ciel a parlé. La miraculeuse élection de Pie IX a fait monter sur la chaire éternelle le Moïse des temps nouveaux, le ministre de l'œuvre divine, qu'on se tromperait en prenant uniquement pour une œuvre nationale. Les premiers actes de l'immortel Pontife ont fait tressaillir Rome, l'Italie et le monde. La sphère de ses réformes salutaires est étroite, sans doute; elle semble n'avoir pour théâtre qu'un petit État, pour objet que d'accorder une juste satisfaction à de légitimes besoins, pour but, que de concilier à la souveraineté temporelle des Pontifes le cœur de quelques millions de sujets, et, en lui donnant ainsi un solide appui sur le sol même où elle est établie, de l'affranchir à jamais de la plus dure et de la plus humiliante des tutelles, celle de l'étranger. Mais par-delà ces vues et ces réformes locales, il y a les principes qui ne le sont pas, comme par-delà le souverain, dans Pie IX, il y a le représentant de Dieu, le père de cette grande famille humaine répandue dans le monde entier, et qui écoute sa voix avec amour et obéissance. Tout ce qui se fait à Rome est essentiellement catholique. Il n'y a pas là seulement des actes et des réformes, il y a des idées et un enseignement; il y a les principes d'une politique sacrée, qui, dans la régénération d'un peuple, posent les bases de la régénération de tous.

« Cette grande et sainte politique, mon révérend Père, vous l'avez formulée avec autant d'éloquence que d'exactitude dans votre belle oraison funèbre d'O'Connell. Ce fut plus qu'un discours, ce fut un évènement. Votre parole puissante a allumé dans le cœur des Romains les flammes du plus pur patriotisme ; elle a réveillé dans la ville éternelle des échos depuis des siècles endormis. Mais, bénie par le Pontife suprême, elle a franchi les limites du temple et de la cité, et, des hauteurs du Vatican, elle a pu se faire entendre non-seulement de l'Italie, mais du monde entier. Nous y avons tous lu le manifeste d'une pensée suprême, qui ne cherche pas à s'environner de mystères, et qui veut être éclatante comme la vérité.

« Oui, il faut que désormais on ne puisse plus, dans les âmes, semer entre la religion et la liberté des divisions funestes à l'une et à l'autre. Il faut qu'on sache que les peuples, comme les individus, grandissent, que les conditions de la vie et de la postérité des nations changent selon leur âge, et qu'il y a une émancipation légitime que la religion doit bénir et consacrer. Mais il faut qu'on sache aussi que la liberté sans frein mène toujours, par l'anarchie, à l'asservissement le plus abject ; il faut qu'on sache que, pour faire le bonheur des hommes, la liberté doit descendre du ciel, et marcher appuyée sur l'ordre et la religion. Les temps sont venus, ce me semble, d'une transformation dans la constitution politique des peuples : partout où le christianisme a été leur instituteur, ils sont mûrs pour la liberté. C'est aux conducteurs des nations à le savoir et à ne pas manquer l'heure. Mais c'est aux peuples aussi à savoir l'attendre et à ne rien précipiter. Le désordre enfante le désordre, le mal n'est jamais nécessaire, et il n'y a de conquêtes durables que celles qui ne sont pas faites par le glaive, mais par la force de la raison et du bon droit.

« Gloire à l'immortel Pontife qui, du haut de ce trône auguste où il est assis, a su lire dans les cieux le décret divin et a donné le signal sans hésitation ! Gloire au peuple romain, qui, jusqu'ici, s'est montré si digne d'être le fils aîné de l'émancipation italienne ! C'est, autrefois, du haut du Capitole que sortit tout armée, pour la conquête et aussi l'oppression du monde, la liberté païenne; c'est du Vatican que la liberté chrétienne sort aujourd'hui. Quand la Providence appela jadis la barbarie pour venir rajeunir les vieux peuples de l'empire romain, elle l'amena aux pieds de ce vénérable Pontife des Gaules dont je viens de célébrer aujourd'hui la fête avec la France entière. La fille altière des forêts courba la tête, et la main de la religion versa sur elle l'huile qui allait adoucir son âme et l'eau qui devait la régénérer. La liberté moderne vient de recevoir à son tour de Pie IX le baptême de St-Remi. Puisse-t-elle ne jamais effacer le signe sacré que le doigt du Pontife a tracé sur son front ! A cette seule condition elle accomplira ses destinées ; à cette seule condition elle affranchira l'Italie ; à cette seule condition elle fera le tour du monde, et elle l'affranchira à la fois de l'anarchie et du despotisme.

« Voilà les sentimens, mon Révérend Père, qui naissaient dans mon cœur à mesure que je lisais cette oraison funèbre d'O'Connell, si digne du grand homme qu'elle célébrait, des circonstances solennelles qui l'inspiraient et des hautes vérités dont elle allait devenir une des plus magnifiques expressions. Ces sentimens naissaient et restaient dans mon âme ; je les y tenais enfermés, ainsi que les vœux que je n'ai pas cessé un seul jour d'adresser au Ciel pour ce grand et bien-aimé Pontife qui, au milieu de tant et de si difficiciles travaux entrepris pour la gloire de la religion et du bonheur de ses peuples, a un si grand besoin d'être consolé et fortifié par l'amour de ses enfans et par les secours d'en haut. Mais la préface que vous venez de joindre à la seconde édition de votre discours, en m'apprenant que votre œuvre, et aussi, sans doute, la sienne, ont trouvé des contradicteurs, me force en quelque sorte de rompre ce silence et de vous exprimer le plus hautement que je puis mes vives sympathies et l'adhésion que je donne, non-seulement comme ami, mais comme Évêque, aux principes que vous avez si éloquemment développés comme orateur. Il faut que les contradicteurs de Pie IX sachent que le monde entier est contre eux, que l'opinion publique, partout où elle peut s'exprimer librement, les condamne, que la France, en particulier, sans distinction de parti, applaudit aux sages pensées qui président à votre régénération politique, que l'Épiscopat français n'a jamais été plus unanime dans son dévouement, et que nous apercevons tous un bien immense pour la religion au bout de cette voie où Pie IX est entré, voie déjà jonchée de haines implacables et de vieux préjugés tombés, et sur laquelle s'élève le monument, plus admirable que ceux de l'ancienne Rome, où sa main de Pontife a scellé l'alliance éternelle de la religion, de l'ordre et de la liberté.

« Vous le savez, mon Révérend Père, autrefois, quand les glorieux prédécesseurs de Pie IX entreprenaient ces œuvres grandes et saintes qui étaient destinées à sauver la chrétienté ou à la couronner de gloire, quand ils arrêtaient les flots de la barbarie, quand pour la tarir dans sa source, ils poussaient l'Europe sur l'Asie, ou bien seulement quand ils élevaient ces temples, magnifiques apothéoses de la religion, vous le savez, il n'y avait pas une âme chrétienne qui, selon ses moyens, ne se crût, par la prière ou par l'aumône, par le bras ou par le cœur, obligée de leur venir en aide et de leur donner son concours et ses sympathies. Aujourd'hui quelque chose de semblable se fait à Rome: Une entreprise sainte, une nouvelle croisade commence. On l'a compris, et de toutes parts les enfans de l'Église se sont tournés avec amour vers le Père commun, prêts à le seconder de toutes les manières. Qu'il soit donc permis au plus pauvre des évêques de France de joindre au tribut de ses prières l'obole de sa bonne volonté. Je vous la transmets, mon Révérend Père, en toute simplicité, vous laissant le soin de la faire parvenir et de la faire agréer.

« Vous ferez, mon Révérend Père, de cette lettre l'usage que vous voudrez; je ne vous exprime ma pensée et mes sentiments que pour les faire connaître.

« Agréez, mon Révérend Père, l'expression de mon sincère attachement et de mon dévouement le plus affectueux.

« Marie-Dominique-Auguste SIBOUR,

« *Évêque de Digne.* »

Cette lettre, que nous avons cité textuellement, comme nous l'avons dit plus haut, renferme tous ces nobles sentimens de l'âme qui ont toujours guidé Monseigneur Sibour dans son amour pour ses semblables et dans sa charité envers les malheureux.

Aimons donc Monseigneur comme il nous aimera tous; prouvons lui que nous savons suivre l'exemple qu'il nous a donné de cette grande fraternité qui doit réunir un jour tous les peuples dans une seule et sainte communion; serrons nous autour de lui comme les apôtres de Jésus-Christ se serraient autour de leur maître, pour écouter sa parole divine, afin de propager ses saintes maximes.

Ici s'arrête notre tâche, et si nous sommes restés au-dessous de notre mission en essayant de tracer le portrait d'un des premiers ecclésiastiques de notre époque, nous aurons du moins fait tous nos efforts pour y apporter la plus scrupuleuse exactitude.

CONSIDÉRATIONS SUR LE CLERGÉ.

Nous aurions cru faire une œuvre incomplète et manquer en même temps au devoir que nous imposait notre tâche, si nous n'avions jeté un dernier regard sur le clergé à la tête duquel va bientôt se placer Monseigneur Marie-Auguste-Dominique Sibour. Sa mission pieuse et sainte deviendra d'autant plus facile, qu'il trouvera, nous nous plaisons à le dire, des hommes dévoués et pleins d'amour religieux, des amis qui ont déjà écouté sa parole et profité de ses enseignemens. En effet, lorsque, dans sa toute-puissance, Dieu l'a permis, les faits ont parlé assez haut pour prouver aux plus incrédules et aux plus passionnés, qu'une fois la grande voie des libertés ouverte, ceux-là même qu'on accusait d'être les ennemis du progrès et de la civilisation, savaient y marcher les premiers.

C'est donc avec justice et avec conviction que nous remercions le clergé et surtout le clergé de France, qui a si bien compris qu'à côté d'une révolution politique il y avait aussi une révolution sociale, et que si Dieu détruit les trônes, c'est pour hâter le progrès et apporter aux peuples la lumière et la science du bien. C'est avec conviction que nous le remercions aujourd'hui, car, si les cœurs des premiers Pontifes de l'église ont su trouver de nobles accents pour bénir notre sainte révolution, leurs apôtres et disciples ont tressailli de joie, et mêlé leurs chants d'amour à nos chants d'enthousiasme et de gloire !

Honneur donc à tout le clergé de France, mais honneur et reconnaissance surtout aux dignes prêtres qui, à l'exemple du grand martyr, ont affronté tous les dangers pour porter à nos frères expirans les secours de notre sainte religion.

Étroitement uni aux principes qu'il a proclamés, sagement administré par Monseigneur Sibour, le clergé contribuera puissamment au développement de cette noble devise : Liberté, Égalité, Fraternité, devise qui est inscrite sur tous nos temples, comme désormais elle doit être inscrite dans tous les cœurs.

Imprimerie Lacour, 55, rue St-Hyacinthe St-Michel.

48